⟨20⟩ 찬란하게 빛나는 나날

글 김강현 그림 김기수

글 김강현

종합학습만화지 〈보물섬〉에 수리과학 만화 〈홈즈VS루팡 수학대전〉과 예체능 만화 〈파이팅 야구왕〉을 연재했습니다. 지은 책으로 〈라바 에코툰〉, 〈코믹 드래곤 플라이트〉, 〈쿠키런 서바이벌 대작전〉, 〈신비아파트 한자 귀신〉, 〈잠뜰TV 픽셀리 초능력 히어로즈〉 등이 있습니다. 어린이들이 만화를 통해 상상력과 창의력을 키울 수 있도록 끊임없이 연구하며 글을 쓰고 있답니다.

그림 김기수

학습만화 단행본 〈코믹 귀혼〉, 〈카트라이더 수학 배틀〉, 〈테일즈런너 바다 생물 편〉, 〈코믹 서유기전〉, 〈마법천자문 영문법원정대〉, 〈메이플 매쓰〉, 〈쿠키런 서바이벌 대작전〉, 〈신비아파트 한자 귀신〉 등 여러 어린이 학습만화를 그렸습니다. 어린이들이 즐겁고 재미있게 공부하고 꿈을 키울 수 있도록 멋진 그림을 그리고 있답니다.

용감한 쿠키

기억을 잃고 달고나 마을에서 깨어난 쿠키.
어둠마녀 쿠키에 맞서 쿠키 대륙의 평화를
지키기 위해 동료 쿠키들과 모험을 한다.

다크카카오 쿠키

다크카카오 왕국의 왕이었던 고대 영웅 쿠키.
어둠마녀 쿠키의 부하 중에 다크초코 쿠키를
닮은 쿠키가 있다는 소식을 듣고 괴로워한다.

퓨어바닐라 쿠키

바닐라 왕국의 왕이었던 고대 영웅 쿠키.
눈에 띄는 외모를 가리고자
허름한 차림으로 다닌다.

홀리베리 쿠키

과거 홀리베리 왕국을 세운 건국 왕이었으며
고대 영웅 쿠키 중 하나이다. 힘이 무척 세다.

골드치즈 쿠키

골드치즈 왕국의 여왕인 고대 영웅 쿠키.
어둠마녀 쿠키를 처단하여 골드치즈 왕국
국민들의 복수를 하고자 한다.

세인트릴리 쿠키

신비한 힘을 가진 쿠키.
어둠마녀 쿠키의 부하인 감초괴물들을
이끌고 어둠마녀 쿠키의 성으로 향한다.

어둠마녀 쿠키

소울 잼의 힘으로 흩어졌던 육체를 모아
부활했다. 과거처럼 다시 쿠키 대륙을
혼란에 빠트리기 위해 음모를 꾸민다.

다크초코 쿠키

딸기잼 마법검의 저주에 사로잡힌 광전사.
저주를 풀어 주겠다는 어둠마녀 쿠키의
말에 넘어가 그의 부하가 된다.

벨벳케이크맛 쿠키

어둠마녀 쿠키의 부하로 과거 케이크 몬스터
군단의 군단장이었다. 부활한 어둠마녀 쿠키의
악한 모습을 보며 혼란스러워 한다.

어둠마녀 쿠키의 부하들

어둠마녀 쿠키의 말은
무조건 따르는 충직한 부하들.
어둠마녀 쿠키를 존경하면서도 두려워한다.

차 례

점점 기온이 내려가네!

몸이 으슬으슬해!

검은 성벽에 가까워질수록 추워질 겁니다.

길을 안내해 줘서 고마워요, 흑당맛 쿠키.

별말씀을요. 성벽의 파수꾼으로서 당연히 해야 할 일이지요.

그 옛날 다크카카오 왕국이 있던 곳. 그곳에 어둠마녀 쿠키가 있다니….

이번에야말로, 끝장을 보게 되겠군.

다크카카오 쿠키! 이 길이 기억 나? 다크카카오 왕국으로 가는 길인데.

홀리베리 쿠키! 다크카카오 쿠키의 심정을 좀 헤아려 봐. 얼마나 심란하겠어.

응? 아… 어둠마녀 쿠키의 부하 중에 다크초코 쿠키 같은 쿠키가 있었다는 말 때문에?

그냥 닮은 쿠키겠지! 어떻게 다크초코 쿠키겠어….

역시 그렇겠지?

다크초코 쿠키를 닮은 쿠키….

그가 어둠마녀 쿠키의 부하가 되어 싸우고 있다고….

내 아들이 악의 편에 설 리가 없다! 아닐 거야!

다크카카오 쿠키, 괜찮아요?

소울 잼이나 시간 정지 마법이 없어도 수천 년간 살아남을 수 있을까?

아주 강력한 마법이라면 가능할 수도 있지만….

그 정도로 강력한
봉인 마법을 쓸 수 있는 건
아마 저와 어둠마녀 쿠키밖에
없을 거예요.

그럼 정말
어둠마녀 쿠키가
다크초코
쿠키를…?

까짝

아뇨. 그 당시
우리와 전투 중이던
어둠마녀 쿠키가 머나먼
다크카카오 왕국까지 가서
다크초코 쿠키에게 마법을
썼을 리는 없어요.

그렇지?
역시 그 쿠키가
내 아들일 리
없어.

하지만… 그렇게라도 아들이
살아 있기를 바라는 거죠?
그 마음이 얼마나 괴로울지…
저로서는 가늠조차
할 수 없네요….

전설에 따르면, 그 검을 갖게 된 순간 놀라운 힘을 얻을 수 있다고 해요.

하지만 강한 힘을 얻는 대가로 검의 주인은 정신을 지배당해 광전사로 변해 버린다고 하지요.

광전사?

말 그대로 미쳐 버린 전사요. 아군, 적군 가리지 않고 자기 앞의 쿠키는 전부 베어 버리는….

광전사는 더 이상 싸울 상대가 없어져야만 비로소 제정신으로 돌아온다고 해요.

상대가 전부?!

정신을 차린 후
모두를 자기 손으로
해친 것을 깨달은 광전사는
엄청난 절망에 빠지고
말겠지요.

그럼 그냥 검을
버리면 되잖아!
깊은 바닷속
같은 곳에….

그건 절대로
불가능한 일이라고 해요.
한번 딸기잼 마법검을 손에 넣으면
스스로의 의지로는 그 검을
떠날 수 없다고 하지요.

그 검을 떠나는
유일한 방법은
검의 주인이
죽는 것인데….

검의 저주에 걸린 쿠키는 더 이상 늙지도, 죽지도 않는다고 해요.

지, 지금… 내 아들이 마법검의 저주에 걸렸다고 말하는 건가?

그냥 그런 전설이 있었다는 게 떠올랐을 뿐이에요. 아직 확실한 건 없죠.

확실히 알려면 검은 성벽으로 빨리 가는 수밖에 없겠네. 내가 날아서 먼저 가 볼게!

파아아앙

앗!

그런데
저 앞에 있는
쿠키는 누구죠?
왜 저 쿠키가
감초괴물 군단을
이끄는 것처럼
보일까요?

과거의 나를
불완전하게 만들었던
나의 약점 덩어리다.

저것이
내 안에 있었을 때
난 완전한 어둠이
될 수 없었지.

하지만
부활하면서 나에게 남은
마지막 양심이 빠져나갔고,
비로소 나는 완전무결한
존재가 되었다!

벌써
다 왔네….

다시 돌아온 걸 알면
어둠마녀 쿠키 님이
엄청 화내실 텐데….
무서워…!

그대에게는 다른 지시가 내려졌습니다.

엥? 나한테만?

뭐, 뭔데?

지금 이곳으로 용감한 쿠키와 영웅 쿠키들이 오고 있다고 합니다.

뭐?!

감초맛 쿠키는 감초괴물 군단을 이끌고 그들을 막으러 가세요.

내, 내가…?

하지만 괴물들은 내 말을 안 듣는다고! 저 이상한 쿠키의 말만 들어!

모두가 이 성으로 들어오고 문이 닫히면 괴물들도 당신의 말을 들을 것입니다.

감초맛 쿠키!

네가 왜 여기에?

왜라니! 난 어둠마녀 쿠키 님이 가장 총애하는 제1 부하, 감초괴물 군단의 군단장이다!

과거에는 너희 영웅 쿠키들이 좀 잘나갔을지 몰라도, 이제 너희는 그냥 퇴물 쿠키일 뿐이야.

크하하하

여기서 끝장을 내 주마!

무섭지? 도망쳐도 소용없다! 끝까지 쫓아갈 테니까!

내가 상대할게!

안 돼! 내가 할 거야!

이번엔 내가 하지!

엉?

그러지 말고 가위바위보 해요!

2화 다시 만난 두 쿠키

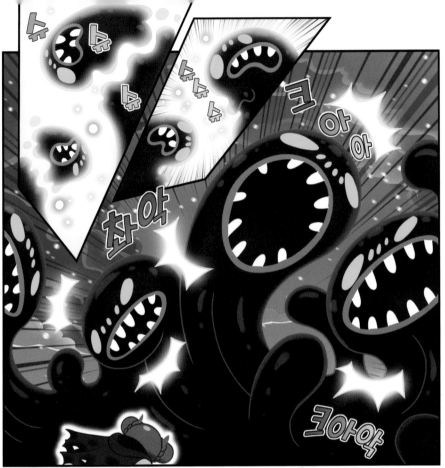

감초괴물들은 아무리 잘게 조각나도 순식간에 다시 붙는다고! 즉 네가 무슨 짓을 해도 아무 소용없단 얘기지!

이제 슬슬 겁이 나냐? 너희는 영웅이 아니야. 영웅은 바로 나, 감초맛 쿠키에게 어울리는 이름이지!

흠….

다시 올라오려면
한참 걸릴 거다!

와아아!

입구를
막아 놓으면 시간이
더 걸리겠지요.

이건 제가
도울게요.

하하,
고마워!

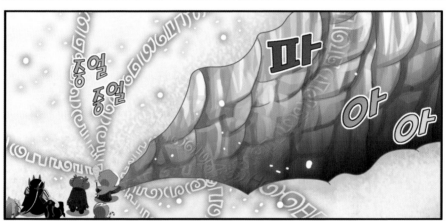

중얼
중얼

파

아

아

웅

웅

우웅

저것들이
올라오기 전에
어둠마녀 쿠키를
끝장내 버리자고!

와, 정말 대단하시네요! 감초괴물 군단 때문에 멸망한 나라가 한둘이 아닌데…!

저런 무시무시한 괴물들을 혼자서 처치하다니!

맞다. 그런 일이 있었지!

미안해. 우리가 더 빨리 왔어야 했는데….

너무 많은 쿠키들이 피해를 입어서 정말 안타까워.

아…!

왜 여러분을 영웅이라고 부르는지 알겠네요.

여러분은 정말 훌륭하신 분들이에요.

우린 영웅이 아니야. 그냥 실패한 쿠키들일 뿐이다.

아니.

감초맛 쿠키가 그 일을 제대로 해낼 거라고 생각하세요?

그럴 리가.

이건 어둠마녀 쿠키 님이 주신 저주의 주머니예요. 필요할 때 사용하시길!

오!

속

나머지 분들은 저를 따라오세요.

흠….

음?

벨벳케이크맛 쿠키는 여기서 기다리세요.

왜지?

석류맛 쿠키가 패할 경우를 대비하려고요.

그냥 나를 내팽개치고 싶은 것 아닌가?

마음대로 생각하세요~!

가죠! 세인트릴리 쿠키, 다크초코 쿠키!

이 녀석!

어둠마녀 쿠키 님은
대체 무슨 일을
계획하신 거지?

도착했습니다.

이 문 너머에
어둠마녀 쿠키 님이
계십니다.

다크초코 쿠키 님은
여기서 기다리고
계십시오.

먼저 들어가시죠,
세인트릴리 쿠키.

끼
이
익

그동안 내가…
아니, 우리가
잘못 생각한 거야.

또다시
우리의 잘못을
되풀이하지 말자.

비록 쿠키가
마녀들의 장난에 의해
심심풀이 간식으로 만들어진
존재라 해도 생명은
그 자체로 소중해.

아니!
내 잘못은 더 일찍
너를 떼어 내지
못한 것뿐이다.

나에게 선함과
양심이 없었다면
그 옛날 영웅 쿠키들에게
패해서 봉인당하는 일도
없었겠지!

이제는
그 쓸모없이 부분이
떨어져 나갔으니
아무도 나를
막지 못한다!

전 어둠마녀
쿠키 님의 가장
충직한 부하이지
않습니까!

넌 마녀들이
만든 심심풀이의
후손일 뿐이야.

훗.

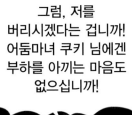

그럼, 저를
버리시겠다는 겁니까!
어둠마녀 쿠키 님에겐
부하를 아끼는 마음도
없으십니까!

푸
하
하하
하

그런 마음은
전부 저기 있는
세인트릴리 쿠키에게 있다.
저쪽에 가서 살려 달라고
빌어 보든지.

으익!

역시 넌
한심해.

난 널
지금 이 자리에서
없애 버릴 수도
있다.

석류맛 쿠키!

그래, 나야. 난 너희에게 별 감정 없지만 어둠마녀 쿠키 님께 명령을 받았으니 어쩔 수 없어.

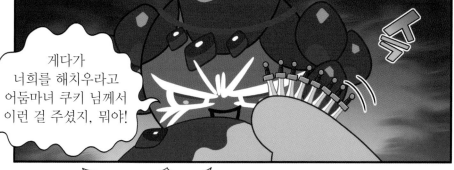

게다가 너희를 해치우라고 어둠마녀 쿠키 님께서 이런 걸 주셨지, 뭐야!

이걸로 단번에 끝장내 주마!

그 조그만 칼로 뭘 하려고?

퓨어바닐라 쿠키,
궁금한 것이 있다.

제게요?
…말씀하세요.

나의
케이크 몬스터 군사들이
용감한 쿠키의
푸른 불꽃에 휩싸인 후,
원래의 모습으로
돌아왔다고 들었다.

그때 모습을
되찾은 동물들은
어떻게 됐나?

3화 일렁이는 푸른 불꽃

우선 이 이야기를 해야겠네요. 먼저, 푸른 불꽃은 나만의 마법이 아니에요.

그것은 미지의 대륙에서 온 용감한 쿠키의 힘과 내가 그의 지팡이에 넣어 놓은 소울 잼의 마법이 하나가 되어 만들어진 힐링의 불꽃이죠.

난 그 불꽃을 오해했고, 그걸 만들어 낸 너희 둘을 증오했다.

벨벳케이크맛 쿠키….

그랬죠. 그래서 그대는 제게로 달려와서….

이성을 잃고 마구 날뛰었어요.

복수하겠어!!

으아아아!

그때의 벨벳케이크맛 쿠키는 분노로 제정신이 아닌 상태였어요. 제가 아무리 설명하려 해도 들으려 하지 않았죠.

그래서 어쩔 수 없이 시간 정지 마법을 쓴 거예요.

당시에는 어둠마녀 쿠키와의 전투를 앞둔 상황이어서 시간이 없기도 했고요.

그때 퓨어바닐라 쿠키를 제외한 우리들은 전부 마지막 전투 장소로 가고 있었어.

그런데 왜
베로베로에게까지
시간 정지 마법을
건 거지?

베로베로는
당신이 멈춰 버리자
무척 슬퍼했어요.

그래서 저는 베로베로를
마법으로 잠재운 후,
그의 몸을 보호할 수 있도록
석화 마법을 걸었어요.

언젠가 당신이
시간 정지 마법에서 풀려났을 때
가장 친한 친구인 베로베로가
곁에 있으면 좋겠다고
생각했거든요.

그럴 수가…!

베로베로는 몬스터였기 때문에 석화 마법으로도 수천 년을 버틸 수 있었던 거예요. 용감한 쿠키가 있었다면 원래 모습으로 되돌려 놓을 수도 있었겠지만, 당시엔 방법이 없었죠.

그리고 원래 모습으로 돌아간 케이크 몬스터 군단의 동물들은….

대륙을 떠났어요.

아아…!

저는 마지막 전투에 출전하기 전, 살아남은 바닐라 왕국의 쿠키들을 비공정에 태워 바다 건너 새로운 땅으로 보냈어요.

그때의 대륙은 완전히 파괴되어 쿠키가 살 만한 곳이 아니었으니까요.

그때 떠나는
쿠키들에게 부탁했죠.
케이크 몬스터였던 동물들을
새로운 땅으로 같이
데려가 달라고….

그때 떠난
쿠키 중 한 쿠키가 제게
마법 전송으로 영상을
보내 주었어요.

쿠키들과 동물들이
금세 친해져서
사이좋게 지내고
있더군요.

나중에 들은 소식에 따르면 그때 비공정을 타고 떠난 쿠키들이 새로운 나라를 건설했고, 그 나라는 아주 번영했다고 해요.

그러니 동물들과 그들의 후손들까지 모두 잘 지냈을 거예요.

크렘 공화국 얘기구나!

아….

난… 얼마나 어리석었는지….

미안하다. 용감한 쿠키, 퓨어바닐라 쿠키…. 그리고 너희 모두에게도….

오해가 풀려서 다행이에요.

이제 남은 건 어둠마녀 쿠키를 끝장내는 것뿐이야.

결코 쉽지 않을 거다. 지금의 어둠마녀 쿠키는 그 옛날의 어둠마녀 쿠키가 아니니까.

그는 예전보다 몇 배는 더 강해졌고 훨씬 더 사악해졌어….

마치 '악' 그 자체가 되어 버린 것처럼….

다크카카오 쿠키….

저 안에 당신의 아들이 있다.

쿠쿵

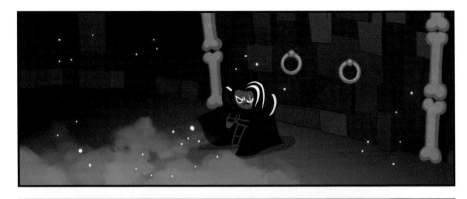

뭐 하는
거야?

그렇게 무방비로
있으면 어떡해!

아….

아,
아들아….

저런 사악한…!

전우들이여, 부탁하겠네.

나와 다크초코 쿠키를 위해 시간을 좀 줄 수 있겠나.

아….

그렇지만….

내 마지막 부탁일세….

마지막…!

다크카카오 쿠키….

그래요. 다크초코 쿠키는 다크카카오 쿠키에게 맡기고 우리는 어둠마녀 쿠키를 상대하죠.

하지만…!

그래. 우리가 먼저 어둠마녀 쿠키를 끝장내고 다크카카오 쿠키를 도우러 오면 돼.

푸하하!

그렇게 자신 있다면 따라오너라. 압도적인 힘의 차이가 무엇인지 보여 주마.

다크초코 쿠키와 다크카카오 쿠키의 싸움이 끝나기 전엔 돌아올 수 있겠지.

저건…?

4화 아버지의 결심

아무리 착한 쿠키라도 악한 마음이 있고, 아무리 악한 쿠키라도 조금은 선한 마음이 있기 마련이다.

그 양면성이, 그 불완전함이 쿠키라는 존재를 약하게 만들지. 하지만 이제 나에게는 그런 것이 없다.

쓸모없는 선한 마음이 고맙게도 스스로 떨어져 나가 버렸거든.

세인트릴리 쿠키…!

그럼 세인트릴리 쿠키가 어둠마녀 쿠키에게서 떨어져 나온 부분이라는 거야?

어렴풋이 생각은 하고 있었어요. 하지만 부디 아니기를 바랐죠.

긴 여행을 끝내고 돌아온 세인트릴리 쿠키가 실험실에서 이상한 실험을 시작했을 때, 전 바닐라 왕국의 왕이 되어야 했어요.

그래서 마법학당을 떠날 수밖에 없었고, 그 이후의 일은 알지 못해요.

그렇다! 난 쿠키가 마녀들의 심심풀이 장난감이란 사실을 알고 절망했고, 심심풀이가 아닌 진짜로 강한 쿠키를 만들기 위해 실험을 시작했지.

그러다가 검은 젤리를 만들어 냈고, 그것으로 생명체를 만들려고 시도했지만 번번이 실패했다. 더 큰 힘을 얻으려고 차원의 틈까지 열었는데, 그때 공간이 붕괴되며 그 자리에 공허가 생겨 버렸지.

마법학당 선생님들은 내가 그 안에 있다는 걸 알면서도 실험실을 폐쇄해 버렸다. 나의 힘을 두려워했던 거지!

난 그 막막한 공허의 공간에서 홀로 외로이 나의 힘을 키웠다.

그렇게 분노를 쌓고 쌓으며 마침내 스스로를 어둠마녀 쿠키로 만들었지.

어둠마녀 쿠키가 된 나는 차원의 틈을 찢고 세상에 나와 전쟁을 시작했다. 검은가루 전쟁을!

하지만 그때의 나는 나약했기에 쿠키 대륙을 끝장내지 못했다. 내 안에 남아 있던 선한 마음 때문이었지.

하지만 지금은 다르다!

언제까지 그런 식으로 나의 검을 막을 수 있을 것 같으냐!

나의 소울 잼을
가져가거라,
아들아….

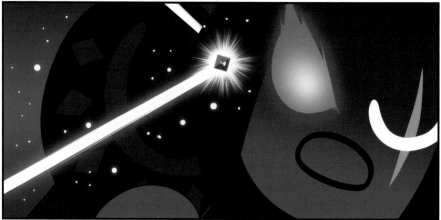

네가 한 게 아니야.

내가… 스스로 한 거란다….

소울 잼이 없으니 이제 나의 육체는 소멸할 것이다. 그건 마법검의 저주로도 막을 수 없지….

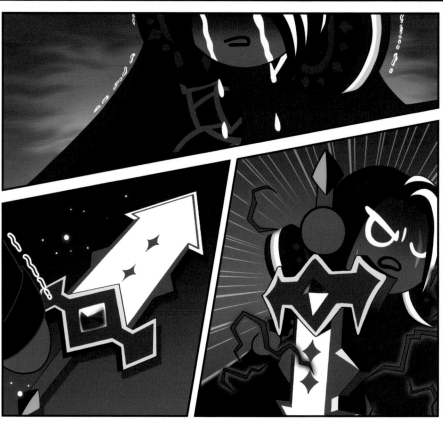

다크초코 쿠키,
다크카카오 쿠키는?

아버지는….

나의 마음속에
계신다….

하…!
아무래도 우린
여기까지인가 봐….

아….

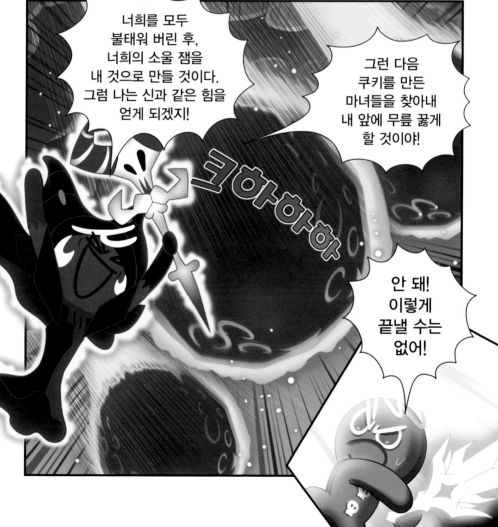

너희를 모두
불태워 버린 후,
너희의 소울 잼을
내 것으로 만들 것이다.
그럼 나는 신과 같은 힘을
얻게 되겠지!

그런 다음
쿠키를 만든
마녀들을 찾아내
내 앞에 무릎 꿇게
할 것이야!

크하하하

안 돼!
이렇게
끝낼 수는
없어!

아아…!

세인트릴리
쿠키!

어떠냐, 세인트릴리 쿠키! 영웅 쿠키들의 비참한 마지막을 본 소감이!

너와 난 같은 기억을 공유하고 있지? 넌 나고, 난 너니까.

우리가 함께 마법학당을 다니던 시절….

그때 내가 처음 만든 마법 기억나?

애들아, 이 마법 어때?

와~ 마법이 예쁘다!

역시 넌 천재야!

내가 그 마법으로 우리를 구할 거야!

파아

아아….

몸과 마음이 어린 시절로 돌아간 것 같아!

뭐든지 할 수 있을 것처럼 힘이 마구 솟구쳐!

이까짓 릴리버드 따위로 너희가 날 이길 순…!

콰
콰
콰
콰

이제
정말로 전쟁이…
끝났네요.

달빛술사 쿠키의 자연계 마법과
쿠키들의 활약으로
어둠마녀 쿠키는
대자연의 일부로 돌아가
봉인되었습니다.

봉인은
대자연의 질서를 파괴하려 한
어둠마녀 쿠키에게 내려진 벌입니다.
이 세상이 사라지기 전까지
풀리지 않을 거예요.

뭐?
크렘 공화국으로
간다고?

응. 가서
나의 국민들을
되살릴 방법이 있는지
알아봐야지.

퓨어바닐라
쿠키도?

바닐라 왕국
국민들의 후손들이
사는 곳이니
가 보고 싶어요.
골드치즈 쿠키도
도와주고 싶고요.

그리고 릴리버드
마법을 쓴 후로 마법력이
완전히 소진된
세인트릴리 쿠키는….

휘청

세 살짜리
아기 정도의 힘밖에
남지 않아서
제가 돌봐 줘야
할 것 같아요.

서 있기도
힘들어….

덜
덜 덜

그 옛날 다크카카오 왕국 국민들의 후손들이 나라를 이루지 못하고 여기저기 흩어져 살고 있습니다.

우리를 이끌어 주십시오!

난 그런 큰일을 할 만한 쿠키가 못 된다! 난….

다크카카오 쿠키였다면 절대 국민들의 염원을 외면하지 않았을 거야.

그럼~ 그럼~!

아버지의 소울 잼과 검을 물려받았다면 아버지의 뜻을 따르는 게 인지상정!

그, 그렇다면 국민들이 왕국의 기틀을 세울 때까지만 돕겠다.

황송하옵니다, 폐하!

그렇게 부르지 마! 그냥 다크초코 쿠키라고 불러!

다시,
모험이
시작될 거야!

쿠키들에겐 어떤 미래가 펼쳐질까? <쿠키런 킹덤> 마침.

안녕, 쿠키들!

용감한 쿠키

근육맛 쿠키

비트맛 쿠키

딸기맛 쿠키

설탕노움

곰젤리

감초맛 쿠키

초코크림 늑대 망치맨

호밀맛 쿠키

커스터드 3세맛 쿠키

뱀파이어맛 쿠키

뾰족 송곳니맛 쿠키

당근맛 쿠키

용꿈틀이

샤방샤방 공주맛 쿠키

고독한맛 쿠키

독버섯맛 쿠키

알로에맛 쿠키

연금술사맛 쿠키

에스프레소맛 쿠키

칠리맛 쿠키

벨벳케이크맛 쿠키

석류맛 쿠키

롤케이크맛 쿠키

팬케이크맛 쿠키

158

골카론　꿈꾸는 바할로모트　미궁의 단죄자 전술 선생님　소르베맛 쿠키　서리여왕 쿠키

목화맛 쿠키　아포가토맛 쿠키　다크카카오맛 쿠키　블랙레이즌맛 쿠키　딸기크레페맛 쿠키　라즈베리맛 쿠키

사회자맛 쿠키　왕궁 정원사　용과 드래곤 쿠키　퓨어바닐라 쿠키　스타더스트 쿠키

흑당맛 쿠키　어둠마녀 쿠키　밀키웨이맛 쿠키　홀리베리 쿠키　다크초코 쿠키

달빛술사 쿠키　골드치즈 쿠키　페투치니맛 쿠키　스모크치즈맛 쿠키　세인트릴리 쿠키

잊지 못할 명장면!

생각의 별사탕 나무를 찾으러 떠나는 쿠키들

거대해진 용감한 쿠키

딸기구름 타고 샤방샤방 공주맛 쿠키의 성을 떠나는 쿠키들

설탕백조에 올라타 하늘을 나는 쿠키들

꿀카론의 배를 타고 마법학당으로 향하는 쿠키들

잃어버렸던 기억을 되찾은 용감한 쿠키

때로는 아찔하고, 때로는 유쾌하고, 때로는 슬프기까지 했던 쿠키들의 대모험!
여러 장면 중 특히 강렬하여 잊을 수 없는 명장면들을 살펴보며,
쿠키들의 활약상을 다시 떠올려 보세요.

화염에 휩싸인 쿠키들

붕대를 풀고 정체를 밝히는 퓨어바닐라 쿠키

맞서 싸우는 다크카카오 쿠키와 용과 드래곤 쿠키

마침내 부활한 어둠마녀 쿠키

기억을 되찾고 쿠키 대륙으로 향하는 세인트릴리 쿠키

감초괴물 군단을 이끌고 진격하는 어둠마녀 쿠키의 부하들

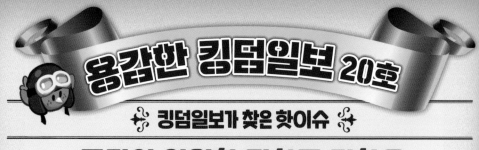
드디어 영원한 평화를 되찾은 찬란한 쿠키 대륙!

마침내 어둠마녀 쿠키가 사라지고 쿠키 대륙에 평화가 찾아왔다는 소식입니다. 어둠마녀 쿠키와 그의 부하들을 몰아낸 주역은 바로, 과거 쿠키 대륙의 평화를 위해 싸웠던 용감한 쿠키와 영웅 쿠키들입니다. 천하무적으로 보이는 영웅 쿠키들지만, 그들이 손쉽게 승리를 얻은 것은 아닙니다. 초반에는 세인트릴리 쿠키를 떼어 내며 더욱 강해지고, 사악해진 어둠마녀 쿠키에게 속수무책으로 당하기도 했다고 하

어둠마녀 쿠키를 향해 돌진하는 용감한 쿠키와 친구들

지요. 하지만 영웅 쿠키들은 굴하지 않는 용맹함으로 끝까지 어둠마녀 쿠키에 맞서 싸웠고, 주변 쿠키들의 도움을 받으며 비로소 어둠마녀 쿠키를 봉인시킬 수 있었다고 합니다. 그동안 불안에 떨며 밤잠을 설치던 시민 쿠키들은 이제야 발 뻗고 편히 잘 수 있겠다며 안심하는 한편, 어둠마녀 쿠키 일당을 물리쳐 준 쿠키들에게 감사의 마음을 전하고 있다고 합니다. 현재 영웅 쿠키들을 비롯해 어둠마녀 쿠키와의 전투에서 활약한 모든 쿠키에게 팬레터와 선물이 쇄도하는 상황입니다. 또한 각국의 대표들은 앞다투어 그들의 공을 기리는 동상을 건립하겠다는 뜻을 밝혔습니다.

감초괴물들을 처치하는 홀리베리 쿠키

석류맛 쿠키를 단번에 제압하는 골드치즈 쿠키

용맹한 쿠키들의 짜릿한 모험담을 완성한 두 작가,
김강현·김기수 작가님

◆

Q1 1권을 출간한 후로 3년의 시간이 흘러, 마침내 〈쿠키런 킹덤〉 시리즈를 마무리하게 되었습니다. 시리즈 완결 소감이 궁금합니다.

김강현 작가님 세월이 너무 빠르네요. (눈물) 그래도 완결을 지어서 다행입니다.

김기수 작가님 〈쿠키런 킹덤〉을 시작한 지 3년이나 되었네요. 쿠키 친구들과 열심히 달려 마침내 결승점에 도달한 느낌이에요. 하하. 독자 여러분에게 사랑을 많이 받아 20권이나 연재를 하게 되었는데 마무리를 지으려니 뿌듯하지만 아쉽기도 합니다. 나중에 기회가 된다면 쿠키들이랑 또다시 긴 모험을 하고 싶습니다.

Q2 시리즈 내내 눈부신 활약을 보여 준 용감한 쿠키에게 한 말씀 해 주세요.

김강현 작가님 용감한 쿠키야, 넌 별로 능력도 없는데 열심히 사는구나. 멋져!

김기수 작가님 용감한 쿠키야, 넌 내 인생 최고의 캐릭터야. 그동안 수고 많았어! 고마워!!

Q3 여러 이야기 중 가장 애착이 가는 이야기는 무엇인가요?

김강현 작가님 9권 신목으로 올라가 타락한 설탕백조와 싸우는 이야기가 좋았습니다. 나무를 좋아하거든요.

김기수 작가님 11권 소르베맛 쿠키와 목화맛 쿠키의 이야기가 가장 기억에 남아요. 모험 이야기의 번외로 펼쳐진 애틋한 사랑 이야기인데, 이전의 이야기와는 다른 결이어서 흥미롭게 작업했어요.

설탕백조와 맞서 싸우는 용감한 쿠키

위험에 처한 목화맛 쿠키를 구하는 소르베맛 쿠키

Q4 지금까지 〈쿠키런 킹덤〉을 사랑해 주신 독자들께 마지막으로 인사해 주세요.

김강현 작가님 쿠키들과 기나긴 모험을 함께해 주어서 고맙습니다. 모험은 계속됩니다. 여러분의 상상 속에서~!

김기수 작가님 그동안 〈쿠키런 킹덤〉 시리즈와 함께해 준 독자 여러분, 정말 감사하고 사랑합니다. 〈쿠키런 킹덤〉 계속 기억해 주세요~!

초판 1쇄 인쇄 2024년 8월 14일
초판 1쇄 발행 2024년 8월 23일

글 김강현
그림 김기수
발행인 심정섭
편집인 안예남
편집팀장 이주희
편집 김이슬
제작 정승헌
브랜드마케팅 김지선, 하서빈
출판마케팅 홍성현, 김호현
디자인 디자인 레브

발행처 ㈜서울문화사
등록일 1988년 2월 16일
등록번호 제2-484
주소 서울시 용산구 새창로 221-19
전화 02-799-9308(편집) | 02-791-0752(출판마케팅)

ISBN 979-11-6923-318-7
ISBN 979-11-6438-804-2 (세트)

Copyright © Devsisters Corp. All rights reserved.

본 제품은 데브시스터즈㈜와의 정식 라이선스 계약에 의해 ㈜서울문화사에서 제작, 판매하는 것으로
데브시스터즈㈜의 허락 없이는 어떠한 경우에도 무단 복제 및 판매를 금합니다.

잘못된 제품은 구입하신 곳에서 교환해 드립니다.

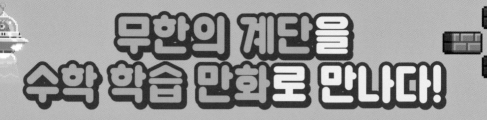

초등 필수템 수학을 마스터하는 특별한 방법!

무한의 계단을 수학 학습 만화로 만나다!

책 속 특별 부록

얼음 도시와 수중 도시에선 어떤 일이 생길까?

워크북으로 수학 실력을 점검하면 수학 실력이 쑥쑥!

초등 필수템 수학과 친해지는 특별한 방법

① 재미와 지식을 모두 잡은 본격 수학 학습 만화!

② 초등 필수 수학 개념 완벽 정리!

③ 지식의 폭을 넓히는 융합 수학 이야기 수록!

문의 전화 : (02)791-0752 서울문화사